ESSAI

ꙮꙮꙮꙮꙮꙮꙮꙮꙮꙮꙮꙮꙮꙮꙮꙮꙮꙮꙮꙮꙮꙮꙮꙮꙮꙮꙮꙮꙮꙮꙮꙮ

ESSAI

SUR

Un Traité des Droits des communes, des ci-devant vassaux inféodés, des afféagistes arrentataires et autres, sur les terres vaines et vagues, particulièrement en Bretagne, contenant l'examen des lois, des arrêts, des autorités, d'après l'ancien et le nouveau droit.

CHAPITRE PREMIER.

Considération générale.

L'ÉDIFICE de la féodalité ayant été détruit, il serait fort inutile de fouiller dans l'antiquité, pour savoir si ses décombres sont gothiques ou gaulois. Les savants qui ont été à la découverte en cette matière, ont perdu leur temps ; ils ne nous ont rapporté que des conjectures, des fables ou des rêveries plus ou moins ingénieuses. Le sage Duparc avait raison de dire qu'il ne fallait pas s'arrêter aux différents systèmes qui ne donnaient rien de certain (1).

Pour connaître le véritable effet des lois abolitives, il suffit de remarquer que la féodalité était un droit réel attaché au fief dominant, comme le vasselage était corrélativement un droit réel attaché au fief servant: l'un et l'autre dérivaient de la concession au moins présumée d'un immeuble appelé domaine direct pour le seigneur, et domaine utile pour le vassal. Dans les provinces où, comme en Bretagne, il n'y avait point de franc-aleu sans titre, tous les propriétaires étaient enchaînés par l'asservissement de leurs héritages. Ils ne pouvaient rompre les liens de cette servitude réelle, sans perdre leurs propriétés, puisque le désaveu du seigneur et de la seigneurie était réputé félonie, et emportait commise, ou *confiscation*. La délivrance de cette sorte d'esclavage devait résulter de l'affranchissement des propriétés. C'est donc au profit des *propriétaires* et non des simples habitants que la destruction du régime féodal a *eu lieu*. Ces propriétaires, qui ne jouissaient pas de la puissance féodale, n'ont pu en abuser. Les lois suppressives, en les faisant rentrer dans tous les droits qui auraient pu être usurpés à leur

_____

(1) Principes du droit., t. 2. p.73.

détriment, n'ont certainement pas voulu les *dépouiller* de ceux qu'ils avaient *conservés.*

CHAPITRE II.

Droit particulier de la Province.

En Bretagne, on découvre presque sur toutes les terres vaines et vagues les vestiges d'une ancienne culture ; les traces des sillons et des fossés ne sont pas encore entièrement effacées. On ne sait par quelle méthode on a pu fixer et entretenir dans certaines contrées fort arides les animaux nécessaires à une culture si considérable. Quoiqu'il en soit, il est peu de terres qui aient échappé à une occupation temporaire. La dépopulation, occasionnée par des guerres continuelles dont ce pays fut le théâtre, est peut être l'une des causes d'interruption de cette *occupation,* qui fut le premier moyen d'acquérir, lequel s'éteignit avec l'existence de l'occupant et de sa famille.

Dans cet état de vacance ou de déshérence, les terres durent se réunir au fief. En cette province, long-tems indépendante, les seigneurs avaient acquis une souveraineté territoriale qui ne fut que trop chaudement défendue. C'est ainsi que se naturalisa le principe *Domini feudorum intrà metas fundati sunt in dominio terrarum incultarum et desertarum et vacantium et inanium.* Dans la suite, on essaya vainement de supposer un droit originaire et universel en faveur du Roi ; on répondit que le droit particulier du seigneur devait prévaloir *1mò hoc potentiùs quod generi per speciem derogatur et specialis præsumptio vincit generalem.* La présomption spéciale l'emporta pour *toujours* sur la raison d'universalité, qui aurait pu militer (1) en faveur du monarque.

La propriété des terres vaines et vagues ne put recevoir aucun atteinte de l'usage d'y aller, venir, et faire pâturer durant l'état de déclôture ; la plus longue tenue *sans titre* fut déclarée inefficace. *Diuturnus usus nihil acquirit nec mille quidem annis.* La maxime fut consacrée par le texte même de la loi municipale (2). Il fallait donc une concession émanée du seigneur, pour acquérir un droit quelconque sur ces terres, c'est-à-dire une investiture, soit par féage, soit par inféodation.

Voici l'origine de ces investitures : le domaine du seigneur, quoique déclos, était toujours censé défensable (3). Il y eut un assez grand

_____

(1) Hévin, quest. féod. p. 149. Pothier de la Germondais, p. 363.

(2) Ch. 254 de la très-ancienne Coutume ; art. 592 de l'ancienne, et 393 de la nouvelle.

(3) Ch. 272 de la t. a. cout. ; art. 272 de l'ancienne et 395 de la nouvelle.

nombre de seigneurs qui firent saisir sur ces
terrains déclos de leurs seigneuries les bestiaux
de leurs vassaux : ils éxigeaient des amendes
et des dommages. Ce fut pour prévenir ces
inconvénients, que les vassaux demandèrent et
que les seigneurs accordèrent le droit de communer ; les uns furent plus généreux que les
autres, et c'est ce qui établit la différence entre
les inféodations gratuites, et les inféodations
onéreuses.

La puissance du droit coutumier était d'autant plus légitime, qu'après avoir été redigé sans
autorité publique, vers 1330, il fut reformé en
1539 et 1580, en vertu des *lettres-patentes du Roi.*
Il avait donc, pour nous servir des expressions
du savant Duparc, *parfaitement* la force de loi
(1), ajoutons *de l'etat,* puisqu'il était sanctionné
par le souverain. D'ailleurs, toute coutume
régnait souverainement sur son territoire : elle
participait de la puissance publique, et devait
conserver sa vigueur, jusqu'à dérogation formelle et explicite ; il est même reconnu que
la seule jurisprudence d'une cour souveraine,
non étrangère au pouvoir législatif, fixait le
sens de lois (2). Ce n'était donc pas par usurpation de la puissance légitime que la législa-

(1) Principes de droit, t. 1er. p. 3.
(2) 25 floréal an 12, cc. s, t. 4 p. 267.

tion Bretonne s'était ainsi formée, les droits acquis sous l'influence de cette législation n'avaient donc rien *d'abusif*.

Le principe de la propriété exclusive des ci-devants seigneurs, que proclamait le droit coutumier, était confirmé par déclarations royales (1). Les monarques se soumirent les premiers à ce droit. Il résulte en effet de l'édit de 1566 (2) et de l'édit du 10 janv. 1567 (3), que l'on ne devait point comprendre dans les afféagements des terres vaines et vagues celles des *seigneurs particuliers*.

La division des fiefs n'ayant aucun rapport avec celle des paroisses, l'habitude individuelle ou collective des habitants au pacage sur les terres vaines et vagues, se trouvait légalement proscrite par la prohibition générale qui réputait inopérante la longue tenue destituée de titre; il est évident que ces paroisses ou communautés n'étaient pas autorisées par la coutume à *posséder* sans *titre* ce qui ne se pouvait acquérir que *par titre*.

---

(1) L'une de François Ier. du 18 déc. 1538 v. p. 381 de l'ancienne cout. in-4°. L'autre de Charles IX du 10 janvier 1567, p. 100 et suivantes.

(2) Rapporté par Sauvageau, liv. 1er. ch. 156 p. 127.

(3) Voyez le traité des communes, p. 191.

CHAPITRE III.

De l'édit de 1667, en Bretagne.

L'édit de 1667, en ordonnant, dans *l'étendue du Royaume*, la *rentrée* sans formalités des paroisses et communautés dans les communaux aliénés ou usurpés, fut sans application aux terres vaines et vagues des fiefs particuliers de chaque seigneur, à l'égard desquelles les habitants des paroisses et communautés, en cette qualité *d'habitants*, n'avaient ni *possession* ni *propriété*. On ne rentre, en effet, que dans des droits qu'on a pu perdre. Or, on ne perd point ce que l'on n'a *jamais eu*. Le monarque s'explique clairement, « Pour traiter » d'autant plus favorablement les communautés, » nous les avons confirmées et confirmons dans » la possession et jouissance des usages et » communs qui leur ont été *concédés* par les » Rois nos prédécesseurs et par nous-mêmes ; » leur remettons le droit de tiers *qui pourrait* » nous appartenir dans lesdits usages et com- » muns. » L'édit est déclaratif, il ne confère *aucun droit* nouveau, il est relatif aux com- munaux dont la concession a été faite par les Rois aux communautés. Il ne s'applique nul- lement aux concessions des seigneurs envers les *particuliers* ; il suppose une possession acquise au profit des communautés en vertu de concessions royales, ou tout au moins de dispositions coutumières, dans les lieux ou la *seule* qualité d'*habitant* suffisait pour fonder le *droit* aux terres vaines et vagues. Tout cela prouve que cet édit n'attribua, en Bretagne particulièrement, aucun droit aux communautés ou paroisses, au préjudice des ci-devant seigneurs; à plus forte raison, ce même édit n'eut-il pas pour objet de nuire aux droits qu'avaient acquis les *vassaux*. On sent bien que si les paroisses ou communautés de la province de Bretagne avaient été appelées à la possession des terres vaines et vagues par l'édit dont est cas, elles n'eussent pas manqué de s'en prévaloir, ce qu'elles ne firent point. Ainsi le défaut d'exécution est la preuve qu'il était inconciliable avec le droit que le Roi reconnaissait en Bretagne, soit aux seigneurs, soit à leurs vassaux inféodés.

CHAPITRE IV.

De l'ordonnance de 1669, en Bretagne.

L'ordonnance de 1669 (1) ne fut pas plus loin que l'édit; elle ne dérogea point aux maximes particulières du droit Breton, relativement à

---

(1) Titre 25, art. 4 et 5.

la propriété des terres vaines et vagues, et à la nécessité d'un titre pour y acquérir des droits.

D'abord, on ne voit pas que le monarque ait voulu proscrire ce qui avait été autorisé *anciennement* par ses prédécesseurs, et par lui même, *deux ans avant*; ensuite, il n'apparaît aucun motif d'un changement si subit. Cependant la sagesse législative de Louis-le-Grand ne s'exerçait que sur des raisons puissantes. L'article 4, relatif aux concessions gratuites, parle de *l'usage de la paroisse*; et ajoute que les seigneurs et les habitants *jouiront en commun*, comme *auparavant*. L'article 5, concernant les inféodations à titre onéreux, parle des habitants qui justifièrent *d'une acquisition*. Dans ce cas, il décide que les seigneurs jouiront seulement de leurs chauffages et usages, ainsi *qu'il est accoutumé*. Ces articles étant faits pour un ordre de chose qui n'éxistait point en Bretagne, ils n'ont pas même heurté le droit qui y était établi. En effet, point d'usage reçu sans titre au profit des paroisses, point de jouissance commune entre le seigneur et les simples habitants. » L'er- » reur *est grande* de confondre les communes » des autres provinces du royaume avec ce » qu'on appelle improprement communes en » Bretagne, il y a dans les autres provinces » des concessions de droits d'usage, faites à des » communautés entières d'habitants, et c'est à

» elles que s'applique l'ordonnance de 1669 (1).»
Ce n'est pas qu'une communauté d'habitants ou
une paroisse fût incapable de posséder des droits
de cette nature ; mais il fallait pour cela une
concession, et l'on n'en a qu'infiniment peu
d'exemples, tandis que l'on trouvait partout
les vassaux inféodés du droit de communer: c'est
ce qui a fait dire, 1° à l'ancien auteur du gou-
vernement *des paroisses* : « Que la propriété
» des communs, n'appartenait aux habitants
» que dans un petit nombre de seigneuries,
» tandis que dans les autres, les vassaux ont
» obtenu, soit en général, soit en particulier,
le droit de communer (2); 2° à l'auteur des principes : « Il est *rare* que le droit de communer
» ait été concédé à des communautés d'habi-
» tants ; chaque vassal l'a en particulier, et l'on
» voit presque toujours que, lorsque ce droit
» appartient à la communauté des habitants
» d'une paroisse ou d'un canton, *les titres* qui
» font loi entr'eux et le seigneur, ne sont
» pas bornés au droit *de communer*, et portent
expressément un droit de propriété (3) »; 3° à
l'auteur du Traité des communes: « Il n'y a point

---

(1) Consultation d'Anneix, Marc de la Chenardais
et Lechapellier, rapportée au Traité des communes.
(2) V. page 369, n. 8.
(3) Liv. 2, ch. 3, des fiefs.

» d'usage *sans titre* au profit des communes (1)».
La seule qualité d'abitant sans propriété et sans
titre, prise individuellement ou collectivement,
n'était attributive d'aucun droit. Les communautés, les paroisses, qui ne sont que des
collections d'habitants, n'avaient donc par elles-
mêmes aucun droit. Ce n'était donc pas en
Bretagne que les seigneurs étaient réduits à des
droits *d'usage* accoutumés entr'eux et les
paroisses. Il est si vrai que cette ordonnance
laisse les seigneurs et les vassaux dans les termes
de leurs lois municipales, que les généraux des
paroisses, *depuis* comme *avant*, respectèrent
les droits des seigneurs et *des vassaux inféodés*.
Deux arrêts du conseil des 18 août 1738 et 1er.
mai 1741; le 1er. contre les paroissiens de
Poligné, le 2e. contre les paroissiens de Saint-
Donatien, ont reconnu que le droit particulier
de la province avait continué d'exister *postérieu-
rement à l'ordonnance* de 1669, puisqu'ils s'y
sont conformés. Aussi voit-on, dans les principes du droit que : « Jamais le roi *n'a dérogé*
à l'article 393, duquel résulte que le droit de
communer ne peut avoir lieu par l'effet d'une
possession *sans titre* (2) ». Ce fut sur la stabilité
de ces principes qu'intervinrent les arrêts de

_____

(1) Pages 175, 184, 199, 207.
(2) Duparc, sect. 25, des fiefs, n. 539 et 540.

réglement de 1724 et 1736. On lit dans le dernier ces expressions remarquables : « Toutes les
» landes galois, terres vaines et vagues sont, en
» Bretagne, le *domaine propre* des seigneurs de
» fiefs ; ils n'en peuvent perdre la propriété que
» par des concessions particulières : *personne*
» n'y peut même prétendre d'usage, s'il n'y
» est fondé *par aveux*, rendus aux seigneurs.
» Sans *cette condition*, les seigneurs peuvent
» afféager *tout* ou *partie* des landes et galois,
» suivant les articles 60, 63 et 318 de la cou-
» tume (1). » On voit par un acte *de notorité*
du 6 avril 1756 (2), que, n'onobstant l'ordonnance de 1669 , « Il était de maxime constante
» que le seigneur du fief pouvait disposer des
» terres vaines et vagues qui sont dans l'étendue
» de son fief, à moins que les inféodations des
» vassaux, *à titre onéreux* ou *autrement*, n'y for-
» ment obstacle ; ce seigneur peut afféager ces
» terreins, ou les attacher à ses autres domaines. »
Pour que les dispositions de l'ordonnance
pussent être suivies, il fallait indispensablement
représenter *un titre* d'inféodation, ou justifier
légalement de *l'usement de fief*, dont nous nous

---

(1) Journal du parlement, t. 2. p. 256.
(2) Journal du parlement, t. 3. p. 761.

occuperons bientôt (1). Dans l'un et l'autre de ces cas , le droit particulier de la province se conciliait avec l'ordonnance : cette remarque aurait dû épargner bien des controverses.

CHAPITRE V.

Nature des droits sur les terres vaines et vagues.

On pouvait acquérir sur les terres vaines et vagues, ou des droits de propriété, ou le droit de communer. L'étendue de ces droits se déterminait par les titres. Le droit de propriété, s'il n'avait pas été limité, ne différait pas des autres droits de propriété. Le droit de communer sans autre addition ou détermination, s'entendait du pacage, de la faculté de couper des bruyères, des herbes ou joncs, sans empêcher le seigneur de disposer des arbres (2). On jugeait que le simple droit de communer, employé dans les inféodations à titre gratuit ou onéreux , n'emportait point la propriété des terres au profit des vasseaux, et l'on pensait même que ce droit de communer constituait une servitude (3) ; mais cette prétendue

_____

(1) V. Traité des Communes , p. 249 et 250 ; arrêt du 3 juin 1776 , rapporté au t. 5 du Journal du parlement , p. 762.

(2) Duparc, n. 536 , s. 25 , t. 2 , p. 371.

(3) Arrêt du 5 juin 1756. Duparc, n. 535 , p. 370. Traité des Communes , *ubique passim.*

servitude, étant perpétuelle, et s'appliquant aux produits utiles des terres vaines et vagues, participait tellement du droit de propriété, qu'elle était dans la réalité une copropriété, ou, ce qui est la même chose, un usufruit permanent. L'auteur des principes disait : Il est difficile de croire qu'un seigneur qui a fait une concession gratuite du simple droit de communer, ait eu l'intention de se dépouiller des 2/3 du terrain dans lequel il a concédé ce droit (1). Il croyait même que l'inféodation à titre onéreux n'empêchait pas le seigneur de conserver la *nue propriété* (2). Il admettait ensuite cette conséquence: qu'au moyen de l'abandon d'un terrain suffisant pour le pacage du bétail que chaque vassal pouvait nourrir pendant l'hiver, sur les pailles et foins de ces terres, le seigneur pouvait disposer du surplus. Pothier de la Germondais estimait « Qu'en concédant le droit de commu-
» ner à titre onéreux, le seigneur conservait
» la nue propriété des terrains vagues; qu'il
» n'accordait *aux vassaux* qu'un droit d'usage
» qui ne pouvait être étendu au-delà de leurs
» besoins. Il n'est point, disait-il, dans leur
» pouvoir de faire paître dans les communs

---

(1) Duparc, t. 2, n. 536,
(2) N. 535.

(15)

» tel nombre de bestiaux qu'il leur plaît : ce
» nombre *doit* être proportionné à la qualité
» *des héritages* (1) qu'ils possèdent..... » Le
sentiment contraire a fini par prévaloir, surtout
quant aux inféodations onéreuses. Comme on
l'a établi, les inféodations plaçaient *les vassaux*
dans le cas des articles 4 et 5 de l'ordonnance
de 1669, en accomplissant la condition de
validité de la possession avec titre exigé par
l'article 393 de la coutume. Aussi établissait-on
comme point de doctrine certain, le 17 mars 1746,
que « Si les vassaux étaient inféodés du droit
» de communer vers le seigneur, il ne pouvait
» demander qu'un tiers, et les deux autres tiers
» devaient rester aux vassaux; que, si les vassaux
» payaient quelque charge ou rente, à raison du
» droit de communer, alors le seigneur ne
» pouvait en aucune manière disposer des com-
» muns, ni clore, ni afféager aucune *partie*
» *d'iceux* (2). » Même au cas d'inféodation
gratuite, la distraction du tiers était subordonnée
à la suffisance des deux autres tiers pour les
besoins des inféodés. Au reste une charge, une

_____

(1) Ceci est négatif des prétendus droits fondés sur
la qualité d'habitant.
(2) Consultation de Martigné Pepin , Frey de
Neuville et Boudoux, rapportée Traité des Communes,
p. 264.

redevance, une prestation quelconque, une reconnaissance en corvée, argent ou autrement, tendaient l'inféodation onéreuse (1): cependant il fallait pour cela qu'elle se référât *spécifiquement* au droit de communer (2).

CHAPITRE VI.

Stabilité des droits sur les terres vaines et vagues.

Mais, quelle que fût la nature de l'inféodation, on n'y pouvait impunément donner atteinte au préjudice des vassaux qui l'avaient obtenue. Cetteproposition résulte de ce qui précède; elle est d'ailleurs appuyée sur la jurisprudence du parlement, attestée par l'*arrêt* du 8 janvier 1669, qui fait défense à Bois David de clore la lande *Huau*, maintient les vassaux dans le droit d'y communer et d'y francher ; par l'*arrêt* du 30 août 1760, contre le seigneur de Rosmadec qui, sur la demande de *deux* de ses vassaux *seulement*, a été condamné à faire démolir les fossés élevés sur des terres anciennement vagues, sujettes au *droit d'usage* : ces deux particuliers furent maintenus dans leurs droits, et *tous les autres vassaux avec eux*; et par l'arrêt du 23 juillet 1785, au

(1) Art. 5, t. 25 de l'ord. de 1669.
(2) Pothier de la Germondais, p. 370, n. 9, Duparc, t. 2, p. 382, n. 546.

rapport de M. de Montreuil, qui jugea, contre l'évêque de Saint-Malo, au profit de ses vassaux, qui n'avaient que le droit de communer, la nullité des féages accordés sans triage préalable, ordonna la démolition des clôtures et même des bâtiments. Enfin, l'arrêt d'août 1785, au rapport de M. Delantivi, contre Pantin de Landemont, lequel déclara nuls les féages, et ordonna pareillement la démolition des clôtures. Telles sont les bases sur lesquelles fut assise la disposition de l'article 10 de la loi du 28 août 1792, qui *détermine* l'effet que doit produire le droit de *communer*, sans indiquer les moyens qu'on avait pu employer pour l'acquérir. Il fallait, afin de rendre raison de la *spécialité* de cet article, pour la province de Bretagne, retracer les principes du droit particulier que les lois abolitives ont dû respecter dans l'intérêt des vassaux : nous verrons que, loin d'y porter atteinte, sous ce rapport, elles ont transformé en droit de *propriété* le droit de communer.

CHAPITRE VII.

De la preuve du droit de *communer*.

La qualité de propriétaire faisait présumer *ce droit*, soit à raison du besoin que le vassal avait de l'obtenir, soit de la facilité qui portait les ci-devant seigneurs à l'accorder dans l'origine,

2

soit du peu d'importance qu'il avait alors, soit à
raison de l'intérêt qu'avait le vassal à se soustraire aux saisies de ses bestiaux, aux amendes
et dommages. L'inféodation n'étant autre chose
qu'un démembrement que faisait le seigneur,
d'une partie de son domaine, au profit de celui
qui devenait son vassal, il est tout s'imple que
ce dernier ne négligeait aucun des moyens
pour attacher à son *domaine utile*, le droit
de communer, qui en devenait une dépendance, un accessoire. D'ailleurs, exposé, par
la situation de ses héritages, aux dommages des
bestiaux d'autrui, chaque vassal dut songer à
s'indemniser par l'exercice d'une réciprocité
parfaite. Au surplus, on sait qu'il n'est pas dans
le caractère de l'homme de dédaigner un avantage que ses semblables recherchent par les
stimulations d'un égal intérêt et d'un égal besoin.
Enfin, comme c'était essentiellement en considération des terres *du vassal* que le droit s'ac-
cordait(1), les contrats qui se formaient entreles
seigneurs et les vassaux étaient *réels*. Ils ne
se devaient rien l'un à l'autre, qu'à cause des
immeubles qui les unissaient dans les rapports

____

(1) Art. 193, coutume de Poitou; 150, Orléans; 28,
Auvergne; Journal des audiences, arrêts des 1er. sept.
1705, 27 juillet 1721, 28 fév. 1722; Duparc, t. 2, p.
391, n. 549; Pothier de la Germondaye, p. 370, n. 10.

de supériorité et de dépendance. Leurs droits dis-
paraissaient avec la possession, mais la possession
les faisait supposer tant qu'elle subsistait (1). Les
aveux nous apprennent uniformément que c'était
« *pour cause ou raison des héritages déclarés* »
que les avouants obtenaient le maintien dans
leurs droits. Comme le défaut d'aveu ou de
reconnaissance du seigneur et de la seigneurie
emportait commise et confiscation, il est
évident que tous les vassaux avaient rendu des
aveux, et il est déraisonnable de prétendre que
dans les seigneuries où le droit de communer
avait été conféré sans difficulté, on eût négligé
de l'obtenir. Dans l'établissement de ce droit, on
voit que le simple habitant ou fermier est resté
complettement étranger à la concession. La présomption est donc toute entière en faveur du ci-
devant vassal propriétaire, l'arrêt de 1765 change
cette présomption *en certitude*; il confère le droit
sur la seule justification de la qualité de propriétaire, et il mesure l'étendue de *ce droit* sur
la part de chacun. L'inféodation d'un vassal
est telle, par rapport aux autres, que l'arrêt du
parlement de Bretagne du 30 août 1760, en
maintenant deux vassaux dans le droit de com-

_____

(1) Cette source des droits ne découlait certainement
pas de la qualité d'habitant.

muner, y maintient tout les autres avec eux,
Le fondement du droit de chacun étant dans
la qualité de propriétaire, qui forme un titre
commun, on suppose difficilement des diffé-
rences entre les mêmes vassaux de la même seigneurie. Cependant on conçoit que les seigneurs
qui avaient pu, à toute force, concéder gra-
tuitement aux uns et onéreusement aux autres,
pouvaient être fondés à exiger la représentation
de l'investiture ou des aveux qui la remplaçaient,
et par suite à critiquer *ces titres.* Mais ce droit
personnel, fondé sur une prérogative purement
féodale, a pu d'autant moins survivre à la destruction de la féodalité, qu'il n'avait d'appui que
dans la faculté de disposer d'une partie des terres
vaines et vagues, à défaut d'inféodation onéreuse.
Cet intérêt ayant disparu, le droit et l'action
qui en procédaient se sont évanouis.

Quoiqu'il en soit, la justification de la qualité
d'inféodé n'était pas subordonnée à la représentation d'un titre de la part de chaque vassal.
L'usement de fief était admis supplétivement,
et cet usement une fois établi, suffisait pour
faire participer tout les vassaux au droit de
communer. *Non apparente primâ investiturâ, jus
probatur, tam per renovationes investiturarum
quàm per testes.* On pouvait donc anciennement prouver par témoins l'existence d'aveux
semblables à ceux représentés en l'absence

d'aveux dont la perte était certaine : le seul
paiement de prestation ou redevance , *repetitis
actibus*, paraissait devoir suffire pour justifier de
l'usement. *Quod per eum solventem vel contri-
buentem retinetur possessio quòad omnes ejusdem
conditionis*. Quand il n'y a point de titre , c'est
la possession qui doit faire la règle, car elle
fait présumer le titre (1). Même en matière
de servitude , le titre se suppose, et la possession d'un propriétaire ou d'un héritier est
caractérisée par le titre de son copropriétaire ou
cohéritier. Des coutumes n'admettaient point
de servitudes sans *titre*. Celles d'Anjou et de
Mantes, par exemple. Cependant on décide
qu'une convention *présumée* suffit pour autoriser l'action en déclaration de servitude (2).
La cour de cassation elle-même admet cette
convention présumée, et dispense de la représentation d'un titre (3). Pour établir l'usement de
fief, *le fait personnel* de quelques vassaux, disait-
on , ne suffisait pas, il fallait celui de la généralité. On enseignait que le droit ou la manière
d'user des fiefs étant une fois établi par ce

___

(1) Grande coutume , notes sur l'article 289.
(2) Poquet , sur l'art. 449 de la coutume d'Anjou ;
Germain Guiot , sur la coutume de Mantes.
(3) 29 octobre 1818 , co. Sirey , t. 16 , p. 226.

qu'on appelait l'usement de fief, ce droit se
conservait au moyen de l'exercice qu'on en
faisait sur les parties du même fief; mais, par
une antinomie remarquable, on décidait que
le grand nombre de ceux qui auraient voulu le
contester n'opérait rien (1). Ailleurs, on éta-
blissait avec plus de raison que les droits et
les devoirs du fief étant fondés sur la loi de
la réciprocité, ils avaient également lieu au
profit du seigneur et du vassal (2). On avait
décidé, en 1743, que l'usage du fief se prou-
vait par le plus grand nombre des aveux des
vassaux, qui, s'ils étaient inféodés envers le
seigneur du droit de communer, relevaient de
preuve ceux d'un petit nombre (3). Dès l'année
1746, on adoucit ce reste de sévérité; il fut
attesté que quinze aveux, qui ne faisaient peut-
être pas un quart ni un demi-quart des titres
des vassaux ayant un *droit acquis*, pouvaient
établir le droit de communer, par usement de
fief (4).

<hr>

(1) Grande coutume, p. 326, t. 2.

(2) Notes sur l'art. 294 de la grande coutume.

(3) Du 20 mars 1743; Consultation délibérée à
Rennes, par Brindjonc, Duplessix, Bégueret, de Martigné
Pepin; v. Traité des communes, p. 261.

(4) Délibération du 17 mars 1746, signée de Martigné Pepin, Frey de Neuville et Boudoux; v. Traité
des communes, p. 265.

Depuis la guerre civile, durant laquelle les titres ont été dispersés, perdus ou brûlés, on doit être beaucoup moins éxigeant. Quelques aveux paraissent devoir suffire pour établir l'usement de fief. Un seul pourrait comme commencement de preuve, autoriser les ci-devant vassaux à justifier par témoins de l'existence du droit de communer, s'ils alléguaient à la fois l'existence et la perte de leurs aveux. La jurisprudence admise en matière de rentes dans des contrées dévastées par la guerre civile devrait être suivie. Cette jurisprudence est telle, qu'on est même dispensé de signaler un événement particulier de destruction, lorsqu'il est reconnu que ces contrées ont été la proie des flammes ou de dévastations assez considérables pour faire présumer la perte des titres qu'on aurait intérêt de représenter. S'il apparaissait un aveu constatant que *tous* les vassaux de la ci-devant seigneurie étaient inféodés du droit reconnu au profit de l'avouant, la preuve du droit de communer serait ainsi faite en faveur de *tous.* Inutile d'examiner en ce moment, si les aveux accompagnés de possession auraient été valablement présentés et reçus. Le seul défaut *d'impunissement,* rend les aveux suffisants : 1.° leur ancienneté impose le silence, et commande le respect, *In antiquis enuntiativa probant ;* 2.° la suppression des formalités, étant équi-

valente à leur accomplissement, ainsi qu'il a
été jugé à l'égard des actes soumis à la formalité
de l'insinuation, il ne peut plus être question
des moyens d'impunissement; 3° les irrégularités
des aveux ne pouvant être proposées que par
les seigneurs, en *cette qualité*, il n'existe maintenant aucune partie investie de ce privilège.
Enfin, l'usement de fief peut être *justifié* par
tous les moyens de fait et de droit, tendant à
établir la *certidude* d'une inféodation *du droit*
de communer.

CHAPITRE VIII.

Droits divers sur les terres décloses.

Sous la dénomination de terres vaines et
vagues, il ne faut pas entendre les prairies soumises à la vaine pâture seulement après la
première herbe, ces prairies étant susceptibles
d'une possession *pro suo*, sans titre, pouvaient
s'acquérir par la possession seule (1). Il ne faut
pas entendre pareillement les terres qu'on appelait *défais*, qui étaient des cantons déterminés
dont le seigneur avait valablement disposé. Ces

_____

(1) Duparc, t. 2, n.° 544, p. 380.

terres appartenaient à ceux auxquelles elles
avaient été concédées (1).

Cette distinction nous conduit naturellement
à l'appréciation des *dispositions* qu'on pouvait
faire, à titre de féage ou autrement, des terres
vaines et vagues proprement dites.

Les ci-devant seigneurs pouvaient concéder,
à titre de féage ou autrement, ce qui n'était pas
réservé à *leurs vassaux* inféodés, et l'on a fait
connaître l'étendue des droits de ces derniers, qui,
s'ils croyaient que les dispositions des ci-devant
seigneurs étaient préjudiciables, devaient prévenir les effets de l'appropriement; car l'afféagiste comme tout autre qui s'était approprié
sans opposition, trouble, ni empêchement,
après avoir acquis de saisi possesseur par
an et jour, était à l'abri de toute recherche.
Le féage, l'accensement et autres contrats trans-
latifs de propriété, étaient des titres légitimes.
Cette vérité a été reconnue par les auteurs et
les plus célèbres jurisconsultes (2). On ne peut
opposer aux simples afféagistes les dispositions
des lois qui ont eu pour objet de réprimer

(1) Traité des communes, p. 220.

(2) Elle est attestée dans une consultation délibérée
à Nantes, les 25 et 29 prairial an 12, par MM. Marie,
Baron, Tardiveau, Crouëzaud, Maisonneuve et Gédouin
aîné,

les abus de la puissance féodale, qui n'était pas dans leurs mains. Il en serait autrement des acquéreurs du fief qui auraient succédé à la mouvance. Encore qu'il fussent roturiers, ils représenteraient le ci-devant seigneur, dans le sens des lois abolitives : leur titre, quoique valide dans l'origine, se trouverait inficié par ces lois. Respectivement à la condition de mise en valeur, exigée pour le maintien du simple afféagiste ou acquéreur d'une partie quelconque des terres vaines et vagues, elle n'est relative qu'aux biens communaux proprement dits, c'est-à-dire, à ceux qui sont réputés avoir appartenu, soit à la généralité des habitants de la paroisse ou des habitants d'un village formant une communauté ou une section de commune. C'est ce qui résulte de l'article 10 de la section 4 de la loi du 10 juin 1793, laquelle n'a point dérogé à l'art. 10 de la loi du 28 août 1792, qui a réglé le sort des terres vaines et vagues dont l'acquisition n'avait jamais lieu *sans titre* au profit des collections d'habitants. Même à l'égard des communaux, il faudrait, quant à la nécessité d'une mise en valeur de la part de l'afféagiste, s'élever à la hauteur des vues d'intérêt général, qui ne demande que des produits, quelle que soit la main qui a pu les faire naître. La condition prise à la lettre d'un défrichement par les *propres mains* de l'acquéreur, supposerait l'interdiction

dés secours d'un domestique, d'un journalier,
d'un ami, d'un parent, d'un fils, et conséquem-
ment l'incapacité d'acquérir ou de conserver de
la part des infirmes, des vieillards et des personnes du sexe, ou bien le défrichement serait
réputé fait par la participation la plus légère
aux travaux de culture : par exemple, au moyen
d'un coup de bêche et d'une émotion quelconque
de terre. L'alternative serait également dérisoire
et injuste. « Lorsque le législateur, dit Merlin,
» s'est oublié au point de franchir les bornes
» de sa puissance, et d'ordonner des choses
» injustes, on doit encore présumer qu'il s'est
» éloigné le moins possible du terme auquel
» il devait s'arrêter (1). » La justice comman-
dait de s'arrêter à la *mise en valeur*, dont parle
l'article 9 du décret du 13 avril 1791, laquelle
consiste dans « La culture, la plantation ou
» la mise à profit de toute autre manière ».
C'est ainsi que la cour suprême a jugé qu'il y
avait violation de la loi du 10 juin 1793 à
supposer incultes des terres sur lesquelles il
avait été pratiqué digues, chaussées ou plantations
(2). Il est d'ailleurs des terres qui n'admettent

_____

(1) Réquisitoire sur lequel furent rendus deux arrêts
de la cc., rapporté par Sirey, t. 5, p. 233.
(2) Arrêt du 12 ventose an 7.

pas une culture proprement dite, qu'on ne pourrait défricher sans anéantir leurs produits: telles sont les pâturages les plus fertiles. Les juris-consultes déjà cités ont donc décidé avec raison « Qu'il y a mise en culture suffisante, lorsque le terrain s'est trouvé enclos ou cultivé *d'une manière quelconque* ». Ceci ne doit pas s'entendre de tentatives de clôtures, ni de clôtures abandonnés, à moins qu'il y ait eu destruction accidentelle, ce qui oblige à examiner la question de savoir si l'auteur des clôtures avait acquis le droit de les faire et de les maintenir. Le droit de les faire se détermine par la considération d'un *autre droit*, celui que pouvait avoir le seigneur de disposer, eu égard à la nature des inféodations existant au profit des vassaux, inféodations, dont nous avons apprécié le mérite. Le droit de les maintenir se règle par l'article 10 de la loi du 28 août 1792, qui n'appelle soit les communes, soit les habitants des villages, soit les ci-devant vassaux, qu'à la propriété des terres vaines et vagues non *arrentées*, *afféagées ou accensées valablement*. Cette dernière expression, quoique non écrite, est, de droit, sous-entendue ; car, dans le sens des anciens principes, et dans le sens de la loi du 28 août 1792, il n'y a que les afféagements, arrentements, ou accensements non *préjudiciables* aux droits des ci-devant vassaux qui puissent être respectés.

Il se conçoit en effet que cette loi n'a pas dû
être plus favorable aux afféagistes que les lois
qui avaient précédé la révolution , lesquelles
annullaient les afféagements préjudiciables. Au
surplus , tous les acquéreurs ne sont pas
maintenus indistinctement. Ainsi, ceux qui sont
devenus héritiers légataires du fief dominant
à titre universel, tombent sous le coup de la
présomption d'abus de puissance et d'usurpation (1). Enfin, s'il est démontré que l'afféagement, l'accensement, l'arrentement, dans l'o-
rigine, n'ont blessé les droits d'aucun des vassaux
inféodés , ils *doivent être confirmés ;* car ils n'ont
pu blesser les droits des communes, qui n'avaient
point de titres. La loi du 10 juin 1793 ne leur
est point opposable: dans ce cas, la cause de
l'afféagiste ou de l'arrentataire est celle d'un
particulier, tout aussi étranger à l'abus de la
puissance féodale que le *vassal inféodé.* Il serait
étrange, en effet, d'alléguer que le seigneur qui
tenait du droit établi *le pouvoir* de disposer
de ce qui n'appartenait, ni aux vassaux, ni aux
communautés d'habitants, aurait abusé de ce
pouvoir, précisément, en réglant l'exercice de
sa volonté sur les lois de son pays ! Les noms
d'afféagistes et d'acquéreurs des ci-devant seigneurs ont donc, pour quiconque s'est donné

_____

(1) Art. 9 de la section 4 de la loi du 10 juin 1793,

la peine d'approfondir leurs droits, une signification plus douce, exempte du reproche *d'u-
surpation*, qu'on leur prodigue assez légèrement.

Il est des terrains déclos qui ne doivent
pas être régis par les dispositions des lois abolitives: ce sont ceux qui forment une dépendance
des domaines particuliers ou des ténements
auxquels ils sont attachés ou annexés, quelle que
soit d'ailleurs la dénomination de ces terrains,
qui sont souvent désignés sous les noms de
landes, pacages, bruyères, pâtis et pâtures.

Mais il faut, pour soustraire ces terres à l'application des lois dont est cas, prouver *par
titres* non suspects quelles ont anciennement
fait partie du domaine particulier, ou du ténement; ou bien, *par enclave parfaite*, qu'elles sont
de toutes parts entourées des dépendances du
ténement ou du domaine.

Le *titre* et *l'enclave* ne seraient pas encore
suffisans, s'ils étaient contrariés par une possession appuyée d'un autre titre quelconque, par
exemple, *d'un aveu.* Lorsque le titre est repré-
senté, *la possession* sert à son application au
terrain. Comme les dénominations changent,
s'altèrent et se corrompent, dans le langage vul-
gaire, qui n'est pas assez suivi par les rédacteurs
des actes, il n'est pas permis *d'équivoquer* sur
des noms, dès que l'objet de la possession est
connu. Il en est de même des débornements

des terres composant les domaines particuliers
ou les ténements. Il serait déraisonnable de
déplacer une possession *assise* sur un lieu dé-
terminé depuis longues années, sous le pré-
texte qu'un ancien titre donne des *débornements
différents*; on sait que les noms changent partout,
que les chemins, les cours d'eau se déplacent,
que les villages disparaissent, que le mode de
culture varie, qu'une vigne remplace un champ
labouré, qu'un pré remplace souvent un jardin,
un bois : comment se reconnaître ? N'est-ce
pas une folie de vouloir être plus sage que ceux
qui s'attachent à l'identité d'objet, par sa situation,
qui n'a *pu varier* dans les rapports de possession qui appelent l'application du titre ? Ne sait-
on pas, d'ailleurs, que des débornements ont pu
être signalés avec négligence, ignorance ou
mauvaise foi, hors la présence des parties inté-
ressées à les contredire ? Les *faits de possession*
qui tombent sur un point fixe, ne sont pas
sujets aux mêmes inconvénients. S'ils avaient
été contraires aux titres, ils auraient été réprimés :
leur *permanence* sur ce point fixe les rend donc
applicables, et caractérise suffisamment la possession.

Hors l'exception dont est cas, les terres vaines
et vagues rentrent dans la classe générale : tout
détenteur actuel, fût-il même un ci-devant
seigneur, pourrait exiger des communes les

justifications dont on parlera, et opposer la prescription de cinq ans.

Quant aux ci-devant *vassaux inféodés*, on va démontrer qu'ils doivent être préférés aux communes, comme on *a établi* que les afféagistes arrentataires doivent être préférés *aux ci-devant vassaux*, lorsqu'il est justifié que l'afféagement ou l'arrentement n'a pas eu lieu au préjudice de *leurs droits*, ou lorsqu'ayant été préjudiciable, le vice a été couvert par l'appropriement accompagné d'une possession sans trouble ni empêchement, aux termes de la coutume.

CHAPITRE IX.

Des lois des 28 août 1792 et 10 juin 1793.

On a prouvé qu'avant l'abolition du régime féodal, les vassaux inféodés avaient des droits que les seigneurs ne pouvaient leur enlever, ni par l'usage, ni par l'abus de la *puissance féodale*.

Dire qu'il existe parmi les lois abolitives des dispositions qui dépouillent de leurs droits les ci-devant vassaux, ce serait soutenir que l'abolition du régime n'a dû profiter qu'aux simples habitants, et non *aux propriétaires*; que l'esprit des lois abolitives a été de troubler les possessions particulières; que leur but est de conférer des droits nouveaux aux fermiers et détenteurs précaires au préjudice des anciens

propriétaires; que l'on peut rentrer dans des
droits qu'on n'a jamais eus; qu'en s'arrogeant
des droits et priviléges seigneuriaux, les communes pourraient n'avoir aucun égard aux droits
acquis contre les ci-devant seigneurs; qu'enfin
il serait une puissance communale susceptible
de rendre la condition des ci-devant vassaux
pire que n'était celle des anciens vassaux, puisqu'elle ravirait actuellement des droits qui étaient
respectés autrefois.

Il faut se rassurer, on ne parviendra jamais
à prêter aux lois abolitives ce sens injuste,
qui serait un véritable contre-sens, car les législateurs auraient ainsi tourné le dos au but
vers lequel ils marchaient. On les a bien accusés
d'exaspération, en appelant leurs décrets de 1793
des lois de colère et de haine; mais ce fut par
excès de bienveillance pour les vassaux qu'ils
traitèrent avec sévérité *les seigneurs*; on ne peut
donc envelopper les vassaux dans les effets de
cette sévérité. On prétend que l'article 1er de
la section 4 de la loi du 10 juin 1793 doit,
par *la généralité* de ses *expressions* et la *postériorité* de son émission, régler définitivement
le sort des terres vaines et vagues, en abro-
geant l'article 10 de la loi du 28 août 1792,
qui répute propriétaires les vassaux en possession du *droit de communer*.

Quelque généraux que soient les termes

3

dans lesquels une disposition de loi ou de
contrat est conçue, ils ne comprennent que les
personnes et les choses à l'égard desquelles on
a entendu statuer. Or il est évident que la loi
du 10 juin 1793 ne s'est point occupée de la
révocation de celle du 28 août 1792, en ce
qui concerne les droits des ci-devant *vassaux
inféodés.* L'objet principal est le partage des
biens *reconnus* communaux; l'objet secondaire
est la nécessité imposée *aux ci-devant seigneurs*
de produire un titre étranger à *la puissance féodale,* et le dernier objet est l'appréciation de
certains droits autres que ceux des vassaux
inféodés. En pareil cas, une abrogation ne se
présume point, elle doit être expresse et solen-
nelle (1). Il est d'ailleurs de maxime que, dans
une loi composée de plusieurs articles, chaque
disposition doit être entendue et exécutée de
manière que son effet ne soit pas éludé par une
autre disposition (2). Or, ce qui prouve que
la loi du 10 juin 1793 s'applique seulement
aux terres qui auraient autrefois appartenu aux
communautés d'habitants, c'est l'article 10,
3° paragraphe, lequel signale positivement les
communautés dépouillées par des aliénations

_____

(1) Réquisitoire de Merlin, v. Sirey, t. 5, p. 233.
(2) Réquisitoire de Merlin, t. 5, p. 233.

faites sans le consentement des habitants réunis
en assemblées de communes, disposition absolument semblable à celle de l'édit de 1667,
qui ordonnait aussi la rentrée des habitants des
paroisses dans leurs biens aliénés. En démon-
trant que cet édit n'avait pu recevoir d'application à la Bretagne, par la raison que les
communautés d'habitants en cette qualité n'é-
taient point propriétaires, on a justifié à l'avance
(et c'était notre intention) que la loi du 10 juin,
qui supposait aussi le rétablissement dans des
droits anciennement possédés, n'avait pas plus
donné atteinte à l'exception admise pour la
province de Bretagne, par l'article 10 de la loi
du 28 août 1792, que l'ordonnance de 1669
n'avait donné atteinte aux droits des vassaux,
acquis sous l'influence du droit breton. Non
seulement la loi du 10 juin 1793 ne contient
point l'abrogation des *droits acquis* aux vassaux
et confirmés par la loi du 28 août 1792, mais
même elle renferme une déclaration formelle
de *non-préjudice* envers eux comme envers les
communes. « Par *aucune* des dispositions des
» articles *précédents* la convention nationale
» n'entend préjudicier *aux droits* des communes
» ou *des ci-devant vassaux* (1). » Si cette

_____

(1) Art. 11 de la section 4 de la loi du 10 juin 1793.

dernière loi ne rappelle pas le principe de la *propriété* des vassaux en possession *du droit* de communer, c'est parce qu'elle l'avait établi pour toujours dans la loi précédente, et qu'elle n'avait rien à ajouter. Certes, c'eût été une étrange façon de rapporter l'article qui confirmait les *droits* des ci-devant vassaux, que de déclarer qu'on n'entendait point *préjudicier* aux droits des ci-devant vassaux! Il était d'autant moins utile de reproduire en texte le principe reconnu par la loi du 28 août 1792, qu'il ressortait du fait seul de la suppression de la directe. Mais, pour qu'on ne pût se méprendre sur leurs intentions, les législateurs avaient pris la peine de les expliquer par l'article 9, conçu en ces termes. « L'esprit de la présente loi, n'est point de troubler les possessions particulières, paisibles, mais seulement de réprimer les abus et les usurpations de la puissance féodale. » Le droit de communer était une possession particulière, la loi n'a donc pas voulu inquiéter les vassaux qui l'avaient acquis : ce droit n'était, ni un abus, ni une usurpation de la part des ci-devant vassaux, qui n'avaient point la puissance féodale, la loi n'a donc pas pu vouloir le supprimer. Si elle l'avait voulu, elle l'aurait dit; or elle a dit précisément tout le contraire. A quoi bon se traîner servilement sur ces expressions de l'article cité « Tous les

biens communaux *en général*, dans toute la
république...., sous diverses dénominations.....
sont et appartiennent de leur nature, à la généralité des habitants, ou membres des communes ». Sans doute les biens communaux (1),
appartiennent *aux habitants* en cette qualité;
mais les biens particuliers qui ne furent jamais
possédés par les habitants en cette qualité ne
sont pas communaux. On a vu que l'édit de
1667 était aussi étendu que l'article rapporté
de la loi du 10 juin 1793, puisqu'il disposait
« Que les *habitants* des paroisses et communautés, dans *toute* l'étendue de notre royaume,
rentrent sans formalité dans les terres, usages,
communes, communaux. » Cependant il fut
reconnu, après cet édit, qu'il fallait respecter les
possessions particulières, et notamment celles
des vassaux inféodés en Bretagne. Comme la
généralité ne suppose que le grand nombre, et
n'équivaut point à l'*universalité*, ces expressions, les *biens communaux en général*, admettent

---

(1) Il est à remarquer que l'article 1er. de la section 4 se reporte à l'article 1er. de la section première
qui définit les biens communaux, ceux sur la *propriété*
ou le *produit* desquels les *habitants* ont un *droit* commun. La réunion de ces deux articles tranche la difficulté,
puisqu'il est démontré dans l'espèce qu'il n'y avait
point de *droit* commun au profit des *habitants*.

toutes les exceptions *possibles* en *particulier*, notamment celles fondées sur les droits acquis, non révoqués d'une manière expresse. » Les avantages qu'une loi confère ne peuvent donner atteinte à ceux qu'une autre loi *non abrogée a* garantis (1). *Beneficium legis nemini debit esse damnosum.* On ne doit suppléer dans aucune loi l'effet rétroactif : on voit, par l'article 11 de la section 4, que celle du 10 juin 1793 ne dispose que pour l'*avenir* (2). Comment donc admettre qu'elle ait tacitement reporté ses effets sur la loi du 28 août 1792, pour enlever les droits *reconnus* par cette loi au profit des vassaux inféodés, que toutes les lois abolitives ont protégés. Le 8 octobre 1812, la cour suprême ayant occasion de s'expliquer sur l'effet des cantonnements, à l'égard desquels on ne rencontre dans la loi du 10 juin aucun article particulier, décide « Qu'*aucune* disposition de cette loi du » 10 juin 1793 ne déroge à celle du 28 août » 1792, sur le maintien des cantonnements (3). » Elle eût donc jugé absolument la même chose à l'égard du *droit de communer*, contre lequel

_____

(1) 8 octobre 1809; arrêt rapporté par Sirey, t. 10, p. 56.

(2) Arrêt du 25 octobre 1812, cc. S, t. 12, p. 405.

(3) Même arrêt.

il ne se rencontrait nul *texte* d'abrogation. Appréciant sous d'autres rapports cette même loi, la cour régulatrice déclare « Que les trois » premières sections n'ont pour objet que le *mode* » de partage entre les habitants des communes » de *leurs* communaux productifs et non pro- » ductifs, et que l'article 1er de la section 4 » n'est relatif qu'au partage des communaux » de leur *nature*, lorsqu'ils étaient *possédés* par » indivis, par plusieurs *communes* ou sections » de *communes* (1). » En Bretagne, nulle terre vaine ou vague susceptible de possession *sans titre* de la part des communes ou sections des communes, mais en tous lieux des terres vaines et vagues soumises aux inféodations des ci-devant vassaux.

De tout ce qui précède résulte que l'argument tiré de la *généralité* des termes de l'art. 1er de la section 4 de la loi du 10 juin 1793, est isolément sans force.

L'objection de postériorité de cette loi réunie à celle de généralité des termes n'est pas plus imposante, puisqu'elle se concilie parfaitement avec la loi précédente, qui a eu un objet *reconnu* différent. Il est de maxime, que la postériorité d'une loi ne suffit pas pour éta-

(1) Cc. 14 janvier 1811, Sirey, 1811, p. 224.

(40)

blir l'abrogation de la loi précédente. Il faut
une déclaration expresse de révocation (1).
Mais allât-on jusqu'à supposer une apparence
d'antinomie, la postériorité n'aurait encore rien
de concluant. En effet, l'article 10 de la loi du
28 août 1792, *spécial* pour une province qui
avait adopté des *maximes* particulières, l'empor-
terait sur l'article 1er de la section 4 de la loi
du 10 juin 1793, considéré comme *général.*
In toto jure generi per speciem dérogatur. « Il
» est conforme aux règles du droit, dit M. Mer-
» lin, de regarder la disposition *spéciale* comme
» dérogeant à la disposition générale (2). »
Dans le combat d'une *spécialité* même inconciliable avec une *généralité* réelle, le dernier
texte le cède au premier, qui conserve toute sa
force : les exemples ne sont pas rares. L'article
1753 (3) porte que le sous-locataire n'est
tenu envers le propriétaire, que jusqu'à con-
currence du prix de la sous-location : voilà une
spécialité. L'article 2102 (4), au contraire, affecte
tous les meubles qui garnissent la maison au

_____

(1) Arrêts de la cc, des 20 mars 1812 et 13 février
1813, t. 12, p. 382, t. 13, p. 251.

(2) V. les conclusions sur lesqu'elles furent rendus
les arrêts rapportés par Sirey, t. 5, p. 233.

(3) Du code civil.

(4) Du même code.

privilége du *propriétaire* : voilà, non seulement
une *généralité*, mais même une *universalité*;
cependant la seconde disposition, quoique
postérieure, n'abroge point la première (1). Le
plus souvent, les expressions qui annoncent une
généralité, n'ont qu'un sens vague et trompeur;
il faut nécessairement les ramener à une
signification restreinte dans de justes bornes.
L'article 425 du code de procédure porte que
les dispositions sur la compétence pourront
toujours être attaquées par la voie de l'appel;
cependant cela n'empêche pas le délai de trois
mois, qui ne dure pas *toujours*, d'emporter déchéance (2). Lorsque la loi a dit que *toutes
personnes* pourraient opposer le défaut de trans-
cription, elle a pourtant excepté les héritiers
du donateur, quoique désignés par cette généralité (3). Il faut reconnaître, avec les auteurs
et les arrêts, que « Les limitations nécessaires
pour que les termes des lois ne prévalent pas
sur leur esprit sont admises (4) : c'est les violer
que de leur donner un sens inique ou absurde
(5). Or ce serait leur donner un sens à la fois

(1) Cc. 2 avril 1806 , Sirey, t. 6 , p. 247.
(2) Cc. 25 février 1812, Sirey, t. 12, p. 208.
(3) Cc. 18 décembre 1810 , Sirey, t. 11 , p. 34.
(4) Cc. 4 avril 1807, ad. an. t. 7, p. 237.
(5) Cc. 28 décembre 1808, Sirey, t. 9, p. 298.

inique et absurde, de supposer que les lois
abolitives ont conféré aux communes le pouvoir
que n'avaient pas les ci-devant seigneurs, de
dépouiller les vassaux inféodés du *droit de
communer*. Lorsqu'un auteur distingué eut établi
son système sur l'édit de 1667 et sur l'ordonnance de 1669, qui lui parurent favoriser les
prétentions des communes, le savant Duparc-
Poulain s'écria : « Il est inouï que jamais, dans
» *aucune* ordonnance, nos rois aient seulement
» pensé à dépouiller des particuliers ou des
» seigneurs de leur patrimoine, ni *d'aucun des
» droits* qui leur étaient légitimement acquis,
» soit par les coutumes des lieux, soit par des
» titres particuliers...(1). » Ne doit-on pas dire
aujourd'hui, avec beaucoup plus de raison : Il
est inouï que, dans aucun décret abolitif, on ait
seulement pensé à dépouiller des particuliers
de leurs droits acquis. La destruction du régime
féodal a frappé les seigneurs, mais elle a épargné les vassaux : il serait étrange que ceux pour
l'avantage desquels la féodalité a été abolie ne
dussent pas profiter de l'abolition ! A-t-on pu
oublier que l'assemblée nationale a déclaré à
l'égard des terres vaines et vagues, « Qu'elle
n'entendait attribuer *aucun droit nouveau*, soit

_____

(1) T. 2, p. 372, n. 538, Principes du droit.

aux *communautés*, soit aux particuliers (1); »
que la convention nationale a réservé les droits
des *particuliers* non seigneurs ni possesseurs de
fief sur ces terres (2)? Indépendamment de ces
lois, on voit, dans l'avis du conseil d'état du 30
pluviose an 13, la confirmation textuelle du principe « Que l'abolition de la féodalité a eu lieu,
» non au profit des communes, mais bien au
» profit des vassaux. » Ce n'est pas tout, la
cour suprême a jugé formellement « 1°, Qu'il
« résulte de l'*ensemble* des dispositions des lois
» abolitives que l'*esprit général* de ces lois
» n'a pas été de troubler les possesseurs paisibles
» et particuliers, mais seulement de réprimer
» les abus et les usurpations de la puissance
» féodale (3); 2°, qu'il résulte évidemment
» des lois suppressives du régime féodal, que
» cette suppression a eu pour objet, l'affran-
» chissement des propriétés, qu'elles n'ont
» été faites qu'en faveur des *propriétaires* des
» terres, et non au profit des fermiers,
» emphithéotes et autres possesseurs à titre
» précaire (4); 3°, enfin, que la loi du 10 juin

(1) Article 7 de la loi du 15 mai 1790.
(2) Articles 9 et 11 de la loi du 10 juin 1793, sect. 4.
(3) Arrêt du 10 nivose an 14, rapporté par Sirey, t. 6,
p. 152.
(4) Arrêt du 16 août 1809, t. 10, p. 8,

» 1793, n'attribue aux communes *aucun droit*
» *nouveau* (1). C'est pourquoi elle ne fait que
» *réintégrer* dans la *propriété* et possession des
» seuls biens dont elles auraient pu être dé-
» pouillées par abus de la puissance féodale (2).
L'article 10 de la loi du 28 août 1792, qui
déclare propriétaires des terres vaines et vagues
les ci-devant vassaux en possession du droit
de communer, est donc en harmonie avec les
principes consacrés par les lois et arrêts qu'on
vient de rappeler. Mais faut-il une jurisprudence
plus complette sur ce point, elle sera attestée
par plusieurs décisions du tribunal de Nantes
et deux arrêts de la cour royale de Rennes,
cités dans un écrit publié le 23 avril 1822, par
deux de nos collègues (3). Il a été reconnu
uniformément que la loi du 10 juin 1793 n'a
pas aboli l'article 10 de la loi du 28 août 1792,
spécial pour les cinq départements de la ci-
devant province de Bretagne. Ces décisions ne
peuvent que trouver appui et confirmation à la

---

(1) Arrêt du 5 septembre 1809, t. 10, p. 5.

(2) Arrêt du 14 janvier 1811, Sirey, t. 11, p. 223.

(3) A l'instant où l'on écrit ceci, on annonce que la
cour royale vient de consacrer le principe de la non
abrogation de l'art. 10 de la loi du 28 août 1792 par
celle du 10 juin 1793, contre la commune du Pin.

cour suprême, qui a adopté la même doctrine (1).
La conclusion de tout ceci est que les
ci-devant vassaux en possession du *droit de
communer*, à l'époque de la loi du 28 août 1792,
ont acquis *un droit* de propriété qu'aucune loi
postérieure ne leur a ravi.

CHAPITRE X.

Droits des communes.

Dans tous les lieux où la *loi* municipale
n'exigeait pas *un titre* pour l'acquisition *du droit*
de communer, il est incontestable que les
paroisses et communautés qui jouissaient *de ce
droit*, sont devenues propriétaires des terres
vaines et vagues non afféagées, arrentées,
accensées ou inféodées.

Relativement à la province de Bretagne, on
a démontré qu'avant la loi du 28 août 1792,
les communautés d'habitants ou les habitants
des paroisses, en cette qualité, n'avaient aucun
droit sans inféodation; que ces communautés
ne pouvaient alléguer aucune espèce de
possession, sans justifier de l'existence d'une
concession; que l'édit de 1667 et l'ordonnance
de 1669 n'avaient pu recevoir *d'application* au

(1) 28 octobre 1812, cc. Sirey, t. 12, p. 403.

profit des paroisses et communautés, en Bretagne, qu'au moyen *d'un titre* exigé indispensablement par le droit particulier de la province, auquel ni l'édit ni l'ordonnance n'avaient pu ni dû déroger ; *droit* qui avait été effectivement *suivi* après comme avant cet édit et cette ordonnance, droit autorisé et approuvé par le monarque. Il suit de là que la nature des terres vaines et vagues est insuffisante pour fonder *par fiction* une présomption de propriété en faveur des communes ; car on ne peut feindre que par image de la *vérité*, et les présomptions elles-mêmes ne doivent pas aller au-delà de la *vérité* connue. Aussitôt que la preuve d'un fait ou d'un droit contraire à la fiction ou à la présomption *est acquise*, l'un et l'autre disparaissent. Or, il y a preuve acquise qu'en Bretagne, ni les collections d'habitants, ni les individus ne pouvaient avoir de droits *sans titre* sur les terres vaines et vagues. La conséquence de cet état de chose est qu'à défaut de la *présomption* de propriété, qui a fait naître celle de *dépouillement*, les communes sont tenues de prouver qu'elles ont possédé *anciennement* à titre de propriétaires, c'est - à - dire, en vertu d'un titre, et qu'elles ont de plus été dépouillées par *abus* de la puissance féodale. Cela est sensible, dès qu'il est démontré que la seule nature du terrein ne dispense pas d'un titre.

Les communes de notre province sont dans la même situation où elles se trouvent ailleurs à l'égard des biens communaux en état de production : de même qu'elles ne peuvent revendiquer ces biens, qu'en prouvant qu'elles les ont anciennement possédés, et qu'elles en ont été dépouillées par abus de la puissance féodale (1), de même aussi les communes doivent faire cette preuve contre tout vassal inféodé, tout afféagiste ou arrentataire qui était, à l'époque de la loi du 28 août 1792, en possession d'un droit *conservé* par cette loi sur les terres vaines et vagues, conformément à la coutume ; car, encore une fois, la nature du terrein ne dépose point de la propriété des communes, et la raison résiste à l'idée d'un rétablissement dans des droits qu'on n'a jamais possédés.

Mais quel que soit le fondement de l'action en revendication des communes, cette action a dû être exercée dans les cinq ans de la publication de la loi du 28 août 1792, suivant les articles 1 et 9 de cette loi. Ce délai n'a pu être suspendu que dans le cas où les communes auraient elles-mêmes possédé à *l'exclusion* de ceux contre lesquels cette action serait intentée.

_____

(1) Arrêts des 18 brumaire an 11, 8 messidor an 12, 12 mai 1812, 28 mai 1816, 8 novembre 1818.

Cette possession, en Bretagne, suppose une dé-
négation du droit des particuliers où des inféodés
sur les terres vaines et vagues, car l'article 10
de cette même loi les *maintient* en possession
de leurs droits. Ces communes allégueraient en
vain l'habitude des habitants de faire pacager
sur les terres décloses : on a prouvé que la
plus longue tenue n'avait pas constitué un seul
fait, un seul acte de possession utile. Comme
il est de règle que la nature de la détention se
détermine par son origine ; que, lorsqu'elle a
été vicieuse dans le principe (1), elle conserve
toujours le même caractère, jusqu'à ce qu'il y
ait eu interversion. *Nemo sibi causam posses-*
sionis mutat nisi extrinseca causa superveniat.
L'interversion s'opère par l'effet de la convention ou de la loi qui forme la cause *extérieure*
ou étrangère au changement ; l'interversion con-
ventionnelle suppose un contrat, l'interversion
légale ne pourrait résulter ici que de l'abrogation de la *maxime* d'après laquelle la détention
sans titre était réprouvée. Ce n'est pas là la loi du
28 août 1792 qui a pu opérer cette interversion, puisqu'elle se réfère au *droit coutumier*,
en exigeant, non l'habitude de communer, mais

---

(1) Duparc, t. 6, p. 255, n. 7, articles 2231 et
2240 du code civil.

la *possession du droit de communer,* qui n'avait
pu se former que sous l'influence *coutumière*,
lequel droit n'appartenait aucunement à l'in-
dividualité ou à la *collection* des habitants en
cette qualité. Les règles de la ci-devant coutume
sur la possession ont été suivies jusqu'à la pro-
mulgation du code. Le fait de pacage sans titre
était *réputé possession* précaire (1). Depuis, une
foule de décisions attestent que le principe particulier établi à l'article 393 a été maintenu
par le code, qui n'admet point de servitudes
discontinues, et notamment celles de pacage *sans
titre*, et qui exige d'ailleurs que la possession
soit non équivoque et à titre de propriétaire.
Or, quoi de plus équivoque et de moins carac-
térisé que le pacage sur un terrain perpétuel-
lement déclos ! Mais le code contînt-il abrogation ou modification de l'article 293, plus
de cinq années s'étant écoulées entre la loi du
28 août 1792 et celle du 15 mars 1804, la
déchéance contre les communes serait sous tous
les rapports *acquise.* Elles sont, comme on le
sait, soumises aux mêmes prescriptions que les
particuliers (2). Les vassaux inféodés qui étaient
en possession au 28 août 1792, ont *conservé*

---

(1) Arrêt du 1er. brumaire an 6, Sirey, t. 1, p. 115.
(2) Article 2227 du code civil.

cette possession par la seule intention, *Animô tantum retinetur possessio.* La volonté de retenir la possession se suppose toujours (1); cette possession ne se perd que lorsqu'un autre l'acquiert, et il faut pour cela que le possesseur n'ait fait de sa part *aucun acte* de possession (2). La preuve de la perte de la possession doit être constatée en jugement *possessoire.* Les communes qui se pourvoient en pétitoire, reconnaissent par cela seul la possession acquise à leurs adversaires, et se rendent non recevables à alléguer le possessoire (3). D'où la conséquence que le délai de cinq ans, fixé pour l'exercice de l'action dont il s'agit, n'a pu être suspendu que dans les cas de possession complettement perdue d'une *part*, et formellement acquise de l'*autre*. Le 27 avril 1808, la cour de cassation, dans la cause de la dame de Blosseville, ci-devant seigneur, contre la commune de Montrolieu, décida que les prétentions des communes à la propriété des terres *vaines et vagues* étaient subordonnées à la demande devant les tribunaux *dans les cinq ans*, à peine de *déchéance.* Le 28 mai 1817, la même cour, dans l'affaire d'entre

---

(1) Pothier ch. 4, s. 2, n. 55.
(2) Pothier ch. 5, art. 2, s. 1, n. 76,
(3) Article 26 du code de p.

le duc Deluines, ci-devant seigneur, contre la commune d'Ambillon, relative à *la lande* de de la Croix aux Poullaillers, a cassé un arrêt de la cour royale d'Orléans, qui avait décidé que le délai de cinq ans, prescrit par l'article 9 de la loi du 28 août 1792, avait été *abrogé* par les articles 1er et suivants de la section 4 de la loi du 10 juin 1793. Ce qui est, dit la cour suprême, *une violation* de la première, et une *fausse application* de la seconde ». L'arrêt ajoute « Qu'il est certain, au contraire, que » l'action ouverte par la loi, aux communes, » pour réclamer contre leurs ci-devant seigneurs » la propriété des terres *vaines et vagues* qui » en sont l'objet, devait être intentée dans » les cinq ans de la publication de la loi du » 28 août 1792, passé lequel délai, cette action n'a plus été recevable (1). » Il n'en faut pas davantage pour apprécier les prétentions des communes.

(1) V. Sirey, t. 17, 1re. partie, p. 110.

FIN.

I

A NANTES,

De l'Imprimerie d'HÉRAULT, rue de Guérande, n° 3.

www.ingramcontent.com/pod-product-compliance
Lightning Source LLC
Chambersburg PA
CBHW070830210326
41520CB00011B/2190